UNE QUESTION
DE
LÉGISLATION ET DE MORALE

LES
VEUVES DES MARINS DISPARUS

MÉMOIRE ADRESSÉ

A Monsieur le Ministre de la Marine,

A Monsieur le Ministre de la Justice,

A Messieurs les Sénateurs et Députés des départements maritimes,

A Messieurs les Membres des Chambres de Commerce du littoral,

PAR

ALFRED DE COURCY

PARIS
A. ANGER, LIBRAIRE-ÉDITEUR
48, RUE LAFFITTE, 48

—

1878

UNE QUESTION

DE

LÉGISLATION ET DE MORALE

LES

VEUVES DES MARINS DISPARUS

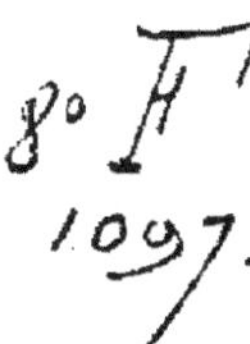

UNE QUESTION

DE

LÉGISLATION ET DE MORALE

LES

VEUVES DES MARINS DISPARUS

MÉMOIRE ADRESSÉ

A Monsieur le Ministre de la Marine,

A Monsieur le Ministre de la Justice,

A Messieurs les Sénateurs et Députés des départements
maritimes,

A Messieurs les Membres des Chambres de Commerce
du littoral,

PAR

ALFRED DE COURCY

PARIS

A. ANGER, LIBRAIRE-ÉDITEUR

48, RUE LAFFITTE, 48

1878

LES
VEUVES DES MARINS DISPARUS

Les catastrophes maritimes les plus cruelles ne sont peut-être pas celles dont les récits des naufrages décrivent les péripéties émouvantes. Pour les raconter, il a fallu qu'il y eût des survivants. Il n'y en a pas toujours. Un trop grand nombre de navires disparaissent chaque année sans que l'on sache rien des circonstances ni de la date du désastre. Est-ce un incendie qui les a consumés? Est-ce un abordage qui les a broyés? Ont-ils sombré dans un ouragan, se sont-ils lentement abîmés, envahis par une voie d'eau que n'ont pu maîtriser les pompes, ou se sont-ils brisés sur des récifs? On l'ignore. L'équipage a-t-il survécu plus ou moins longtemps? On l'ignore pareillement. Peut-être des hommes s'étaient réfugiés dans des embarcations, sur des radeaux, sur des épaves. Combien de jours, combien de semaines ont duré leurs angoisses jusqu'à ce que le dernier ait succombé? La mer a tout recouvert; elle ne dit pas son secret, et le mystère est impénétrable.

En France seulement on ne compte pas moins de douze à quinze navires de commerce qui disparaissent ainsi chaque année, ce qui représente une perte, trop certaine quoique non constatée, d'environ deux cents hommes (1). Les femmes, les enfants, les mères ont conservé longtemps, à travers leurs anxiétés croissantes, un espoir tenace. Il vient un jour où l'espoir n'est plus permis, et où l'on demande un service funèbre au curé du village.

Je ne viens pas traiter une question de sentiment, mais une question de législation et de morale publique. La moitié environ des hommes sont mariés. Il y a donc chaque année environ cent femmes de marins français dont les maris ont disparu.

Quelle est la situation de ces infortunées?

En fait, ce sont des veuves, incontestablement des veuves. Elles n'en doutent pas et personne

---

(1) Je ne parle ici que des navires de commerce. Les disparitions de bâtiments de l'État sont rares. On en a cependant de douloureux exemples, et alors c'est par centaines qu'il faut compter les victimes; c'est par centaines aussi qu'on pourrait les compter sur les paquebots chargés de passagers.

n'en doute autour d'elles. Au siècle dernier, on pouvait douter longtemps. C'est ainsi que dix ans après la disparition de Lapérouse, André Chénier, qui avait été son ami, lui adressait une invocation touchante où se remarquent ces vers :

Ta femme a son espoir, à ses vœux enchaînée,
Doutant de son veuvage ou de son hyménée......

En droit, la poésie a encore raison. Les femmes des marins disparus ne sont pas des veuves, elles sont des femmes d'absents. Tant qu'elles ne rapportent pas l'acte du décès, il leur est interdit de se remarier. Or le décès du mari ne pourra jamais être constaté. Ces femmes sont jeunes et robustes ; il y en a qui ont à peine vingt ans. Elles sont pauvres ; mêlées aux petites industries du littoral, elles vivent au milieu d'une population rude et de mœurs indulgentes pour les entraînements. Elles ne seront pas toutes des Andromaque ni des Pénélope. A moins d'une austérité personnelle qui ne doit pas être dans les prévisions du législateur, le péril de l'inconduite et des liens illicites est insurmontable. Si elles avaient cette austérité personnelle, il y aurait un dommage public d'une autre nature, et un obstacle notable au renouvellement de la population maritime. Suivant les principes d'une science aimable dont je n'ai appris que tout récemment l'existence et le nom, la démographie, une jeune veuve austère serait un atelier en chômage. Il y a donc là une question morale et une question d'économie sociale qui me paraissent s'imposer à l'attention du législateur. Je suis plus touché de la question morale.

Le législateur n'y a songé à aucune époque.

De tout temps, cependant, il s'était préoccupé d'autres intérêts, relatifs aux navires disparus. L'article 375 du Code de commerce porte que le délaissement peut être fait aux assureurs après six mois des dernières nouvelles pour les voyages ordinaires, et après un an pour les voyages de long cours. Ces délais ont été ainsi réduits par une loi spéciale du 3 mai 1862. Ils étaient auparavant, et sous le régime de l'ordonnance de la marine de Colbert, du double. Il y a donc une présomption légale qu'un navire dont on n'a pas de nouvelles depuis un an est un navire perdu, et la loi, en abrégeant en 1862 les délais, qui pourraient être encore abrégés sans inconvénient pour les bâtiments à vapeur, a su tenir compte des changements survenus dans la navigation et la géographie depuis le temps de Colbert. Je sais bien que la certitude de la perte d'un navire n'entraîne pas la certitude de la mort de tous les hommes qui étaient à bord. Qui ne sent pourtant que si le silence sur le sort de tous se prolonge, on a bientôt acquis la même certitude? Où sont aujourd'hui les îles désertes sur lesquelles se seraient réfugiés de nouveaux Robinsons? Où sont-elles, notamment, dans nos mers d'Europe, ou sur les grandes routes si connues, si frayées, sillonnées par tant de navires, qui conduisent en Amérique ? Où sont aussi les corsaires barbaresques qui emmenaient en captivité les équipages ?

On m'a raconté que, jusqu'à nos jours, il existait, sur les côtes de l'État pontifical, des fonctionnaires qui exerçaient la charge peu assujettissante de guetteurs de l'approche des Barbaresques. Ne sourions pas trop de cet anachronisme. Peut-être, en nous promenant sur nos falaises, rencontrons-nous des douaniers sinécuristes qui guettent des contrebandiers aussi légendaires que les corsaires tunisiens. Et surtout, en ouvrant nos Codes, convenons que nous trouvons bien des dispositions surannées.

La législation tout entière de l'absence est surannée. Assurément c'est une belle pensée que celle du respect de la personnalité d'un absent, qui pourrait reparaître à son foyer. Ce respect est poussé au-delà de toutes les limites du vraisemblable ou plutôt du possible. Après quatre ans de la disparition, les héritiers présomptifs pourront demander un jugement de déclaration d'absence, lequel ne saurait être rendu qu'un an plus tard. Ils pourront alors être mis en possession provisoire de ses biens, mais à charge de procéder à un inventaire et de donner caution. Ce n'est que si l'absence continue trente ans de plus qu'ils pourront être mis en possession définitive. Avec les procédures, cela représente près d'une quarantaine d'années ; ce terme est abrégé si l'on justifie que l'absent serait centenaire. Encore le Code civil prend-il la peine de prévoir, article 132, le cas où l'absent reparaîtrait après l'envoi en possession définitive. C'est très-beau en principe, et c'était sage à d'autres époques. Puisque l'article 117 prescrivait judicieusement aux magistrats d'avoir égard, avant de statuer, aux causes qui avaient pu empêcher d'avoir des nouvelles de l'absent, je crois que, lors même de la rédaction du Code, le minimum des délais aurait dû être abrégé. Aujourd'hui, en l'état de la géographie, de la civilisation et des relations internationales, ce n'est plus qu'une législation de romancier. L'homme qui laisserait sa famille sans nouvelles de lui pendant trente ou quarante ans ne mériterait vraiment pas la sollicitude de la loi. Il mériterait, s'il avait des biens, qu'on les eût partagés depuis longtemps. Il mériterait, s'il avait une femme, d'apprendre qu'elle est remariée, mère respectable d'enfants dont il ne serait pas le père. Mais cet homme n'existe pas, à moins que ce ne soit un malfaiteur, qui cache au loin, sous un faux nom, son ignominie, et qui s'est donné lui-même d'autres liens.

Quoi que l'on pense d'une réforme de la législation générale de l'absence, le besoin d'une législation spéciale pour les équipages des navires disparus ne me paraît pas susceptible d'être contesté. Avec beaucoup de raison on a su, le 12 janvier 1817, faire une loi spéciale pour les militaires disparus dans les guerres de la République et de l'Empire. Avec beaucoup de raison on a su, le 12 août 1871, remettre cette loi en vigueur pour les militaires disparus dans la dernière guerre et en étendre les dispositions aux disparus non belligérants. J'applaudis à ces intelligentes dérogations au droit commun. Mais qui ne sent que lorsque le navire lui-même est englouti, en pleine mer, puisque l'on n'a trouvé ses débris sur aucun rivage, on est, après de suffisants délais, plus certain de la mort des hommes qui le montaient que de celle des disparus de la guerre ? Dans toutes les armées il y a des poltrons qui se dérobent, qui désertent, qui peuvent franchir la frontière, qui ne seront pas empressés de se montrer pour être fusillés ou flétris. Pendant l'invasion aussi, il y a des hommes qui ont pu s'être assez compromis au service des envahisseurs pour avoir intérêt à se cacher dans leurs rangs. Les routes de terre sont toujours ouvertes aux fugitifs; on a permis aux tribunaux d'apprécier les témoignages et l'on a bien fait. Lorsqu'un navire sombre dans les solitudes de l'Océan, où seraient les refuges des poltrons et par quelles routes se déroberaient-ils ? Les survivants n'auraient ni possibilité de se cacher, ni intérêt à le faire. Encore une fois ils ne construisent pas des huttes sur une île mystérieuse, ils ne sont pas captifs des Tunisiens. Ils n'auraient pu qu'être recueillis par un autre navire. Quand bien même, admettons cette invraisemblance, des hommes échappant ainsi à la mort voudraient ne pas donner de leurs nouvelles, on en aurait infailliblement par les rapports du sauveteur et du consul, par les avis des journaux maritimes. Il n'y a pas une seule rencontre en mer d'une épave ou d'une chaloupe, avec sauvetage de quelques hommes, qui ne soit aussitôt publiée, et l'on doit compter que le sauveteur, qui a intérêt à s'en vanter, n'en fera pas mystère. Le doute qui peut exister sur la mort des disparus d'une bataille n'existe donc pas sur celle des disparus de la mer.

Le doute se comprendrait à la rigueur, quant à la présence à bord de tel homme désigné qui aurait pu déserter avant le départ ou manquer l'embarquement. Aussi une loi bien faite sur la matière devra recommander à cet égard aux tribunaux des constatations probantes. Mais quand on a la certitude que l'homme est parti sur le navire, — et on l'a toujours pour le capitaine, — on a la certitude qu'il est mort.

Je dis même que la mort des marins disparus avec le navire est beaucoup plus certaine que celle d'un grand nombre d'individus à qui l'on dresse des actes de décès parfaitement réguliers. L'identité d'une foule de vagabonds, de nomades, de pauvres gens sans famille, qui meurent sur la voie publique ou dans les hospices, n'est pas facile à constater. On cherche des indices, on croit en trouver dans des papiers dont ils étaient porteurs, dans une reconnaissance peu sûre des traits ou d'autres particularités affirmées par deux témoins complaisants. La loi est observée. Ces indices peuvent être trompeurs, et il y a bien moins de risque d'erreur dans la constatation, par un tribunal éclairé, de la mort des marins disparus.

Plus d'un lecteur, s'il est frappé de ces considérations, va s'écrier : Est-il donc besoin d'une loi spéciale pour constater un décès dont la certitude est acquise ? Le droit commun bien interprété par les tribunaux ne suffit-il pas ?

Je réponds qu'on soulève ici une question énorme de doctrine et de jurisprudence, celle de l'interprétation plus ou moins élastique, plus ou moins appropriée aux circonstances, aux changements des temps et des choses, du texte littéral des lois. Avant de la discuter moi-même, je veux montrer quelle est, sur le point spécial, la jurisprudence française. J'ai fait à cet égard des découvertes bien inattendues, qui m'ont causé un vif étonnement.

La France judiciaire se partage en deux zones, séparées par la Loire. Il semble qu'il y ait deux codes civils, dont l'un régit le littoral du Nord et de l'Ouest depuis Dunkerque jusqu'à Nantes. L'autre est en vigueur au-dessous de Nantes sur les côtes de l'Océan, et sur tout le littoral de la

Méditerranée. A Nantes même, qui est sur les deux rives de la Loire, on hésite, on applique alternativement les deux codes civils. Je demande pardon de ce qu'il y a de peu sérieux dans la forme que je donne à cette observation. On va voir qu'au fond c'est très-sérieux.

Dans tout le Midi, on comprend à peine que la question puisse être posée, tant on trouve manifeste que la législation de l'absence est seule applicable aux marins disparus. En effet l'article 115 du Code civil porte : « Lorsqu'une personne aura cessé de paraître au lieu de son domicile ou de sa résidence *et que depuis quatre ans on n'en aura point eu de nouvelles,* » etc.

Qu'y a-t-il de plus clair? Les marins disparus sont exactement dans ce cas, et il n'y a là rien à interpréter. Ils sont des absents, et l'article 115 a été fait pour eux. On ne pourra donc jamais constater leur décès et les femmes ne pourront jamais se remarier : *dura lex sed lex.* On en est si pénétré qu'il n'y a même pas de procès. Je n'ai pas pu découvrir, en l'absence de témoignages directs, un seul monument judiciaire dans le ressort de la Cour d'Aix. Les pseudo-veuves acceptent avec résignation la situation que la loi leur a faite. Si elles se consolent aux dépens de la morale, ce n'est pas du moins aux dépens de la loi. Le droit est sauf.

Un magistrat très-distingué d'un parquet du Midi a bien voulu me faire passer une note qui m'épouvante par la rigueur de ses déductions. Il va jusqu'à contester, pour permettre à un officier de l'état civil de procéder à un second mariage, l'autorité d'un jugement.

« La preuve testimoniale, dit-il, fût-elle admise par les tribunaux, ne suffirait pas à l'officier de l'état civil. Ainsi un jugement lui serait représenté constatant, sur cette seule preuve, la mort d'un homme marié dont *l'acte de décès n'existerait pas* qu'il ne pourrait passer outre à la célébration du mariage de la veuve. Ce jugement n'aurait d'effet que relativement à l'ouverture de la succession du mari, et à l'exercice des droits et reprises de la femme ; mais il ne pourrait faire preuve légale de la dissolution du mariage au point de permettre à celle-ci d'en contracter un second. »

Je demeure confondu des excès auxquels les meilleurs esprits peuvent être portés par une préoccupation de légiste et une logique à outrance. Il ne m'est pas donné de comprendre comment l'ouverture de la succession d'un homme marié, par la constatation judiciaire de son décès, a lieu sans la dissolution légale de son mariage, ni comment un maire de campagne, qui n'est pas tenu d'être un grand juriste, est tenu de faire cette savante distinction. Il est intéressant de connaître les risques qu'il court, s'il ne la fait pas. Il y a un certain article 340 du Code pénal qui porte :

« Quiconque étant engagé dans les liens du mariage en aura contracté un autre avant la dissolution du précédent, sera puni de la peine des travaux forcés à temps.

« L'*officier public* qui aura prêté son ministère à ce mariage, connaissant l'existence du précédent, sera condamné à la même peine. »

Le texte est encore très-clair. Voici donc une jeune veuve, aspirant à des consolations licites, qui aura obtenu un jugement constatant la mort du défunt. Le maire de son village aura cru naïvement, — j'en crois autant, — que c'était l'équivalent d'un acte de décès; il aura ceint, sans scru pule, son écharpe. Pendant la lune de miel, arrivent les gendarmes, envoyés par mon obligeant correspondant, dont le devoir est de poursuivre le crime de bigamie; ils conduisent en prison la nouvelle épouse et le maire son complice, qui sont traduits devant la Cour d'assises, où l'on requiert qu'ils soient condamnés à ramer sur les galères de Sa Majesté, car il me semble que, pour compléter la couleur locale, ce devra être la formule du réquisitoire. J'espère que les jurés ne seront pas de trop cruels légistes et qu'ils voudront bien admettre les circonstances atténuantes.

Tel est donc le Code civil, et tel serait le Code pénal du Midi, pays de droit écrit. J'admire la puissance des traditions. Je me persuade que le Midi pense aussi, avec persévérance, aux esclaves des régences barbaresques. La confrérie des Frères de la Merci doit quêter encore pour le rachat des captifs, et, dans les bastides des côtes de Provence, il y a des lunettes braquées sur les flots bleus de la Méditerranée, guettant l'approche des corsaires.

Ceci me rappelle, malgré moi, une anecdote personnelle. Quand éclata, en 1859, la guerre contre l'Autriche, quelques négociants français furent en souci de chargements de bois merrains qu'ils attendaient par des navires autrichiens partis des ports de l'Adriatique. Je négociai avec eux l'assurance des risques de guerre. J'allai voir un commissaire du Conseil des Prises, pour me renseigner sur l'étendue de ces risques. Comment, s'écria-t-il, vous osez garantir des risques sur des navires autrichiens? Savez-vous quelle peine vous encourez? — Je ne m'en doute pas, répondis-je. — La peine de mort, reprit-il. Et ouvrant un volume, il me lut je ne sais quel article de je ne sais quelle loi, punissant de la peine de mort toute assistance donnée au commerce ennemi. Je ne frissonnai pas trop devant ce texte, et je dis à mon compatissant légiste que je craignais peu d'être fusillé pour avoir donné à un honnête négociant français, surpris par la guerre, la garantie d'une compagnie française d'assurances.

Je reviens à mon sujet et remonte à Bordeaux. Là, on est encore en pays méridional, en pays de droit écrit; mais on n'est pas tellement loin de la Loire qu'une brise du nord, parfumée de senteurs de bouquets de noce, n'ait apporté au cœur des veuves gasconnes quelques effluves des honnêtes consolations prodiguées par la coutume de Bretagne. Moins résignées que leurs sœurs de Provence, les veuves gasconnes ont donc voulu plaider ; cela leur a mal réussi. Le Tribunal de première instance de Bordeaux a été inexorable. Elles ont interjeté appel. L'une d'elles a eu la joie d'atteindre la terre promise. Un arrêt débonnaire de la Cour, du 6 mars 1874, a comblé les vœux de la dame D... et de son futur. Je demande à citer les considérants de l'arrêt, la Cour étant parvenue à répandre un peu de gaieté sur un sujet qui en manque par lui-même.

« Attendu... que le trois-mâts *N...* commandé par D... partit du port de Carmen le 3 novembre 1867 pour Bordeaux *chargé de bois de teinture ;* que, depuis cette époque, on n'a eu *aucune espèce de nouvelles,* ni du navire, ni du capitaine, ni d'aucun des marins qui composaient l'équipage ; qu'*en outre,* à l'époque où ledit navire accomplissait son voyage de retour, *il survint des tempêtes...*

« Qu'il ne saurait être douteux pour la Cour que le trois-mâts *N...* *qui était déjà vieux,* qui avait fait un grand nombre de voyages, qui, avant son départ pour Bordeaux, avait subi des avaries sérieuses, lesquelles n'avaient été qu'imparfaitement et partiellement réparées, a péri corps et biens dans une de ces tempêtes. »

Eh ! certainement, cela n'était pas douteux pour la Cour, et n'était douteux pour personne *depuis six ans.* Mais qu'importait que le navire fût vieux, qu'il fût chargé de bois de teinture, et qu'il eût dû rencontrer des tempêtes ? Est-ce que si le navire avait été neuf, chargé de café, et que l'hiver de 1867 eût été un printemps, la Cour, après plus de six ans de disparition, aurait conservé des doutes sur sa perte ? Ce n'était pas de la perte du navire qu'il s'agissait, mais de la constatation de la mort d'un homme, et je pense malgré moi au célèbre problème de l'âge du capitaine, à déterminer d'après le tonnage du navire et la nature du chargement.

La Cour va se livrer à des appréciations plus personnelles. « Attendu qu'il est inadmissible qu'en particulier D..., *dont la correspondance atteste le plus vif attachement pour sa femme,* fût resté plus de six années sans songer à transmettre au moins de ses nouvelles. »

Cet argument sentimental, qui invoque la tendresse du mari disparu pour permettre les consolations à sa femme, a quelque chose de touchant et d'imprévu. Supposons que le mari eût maltraité sa femme, on aurait imposé à celle-ci une plus longue fidélité de regrets. Je ne nie pas d'ailleurs que, si l'on en était à chercher des présomptions de la réalité du décès, on n'en pût trouver dans les antécédents et les habitudes de l'absent. Seulement la loi de l'absence a-t-elle autorisé cette recherche ? — « Attendu que, si les circonstances de la nature de celles qui viennent d'être déduites *ne suffisaient pas* pour faire constater l'événement d'un décès par suite d'un naufrage, il deviendrait à peu près impossible aux parties intéressées de jamais faire régulariser leur situation. »

Excellent argument, — pour le législateur qui doit s'empresser de réformer la loi surannée de l'absence, ce qui est bien mon avis. On en pourra dire autant dans la plupart des cas d'absence prolongée.

Finalement la Cour déclare que le décès de D... est constant et *advenu en janvier* 1868. Ceci est un peu risqué. Elle ne sait rien de la date, et celle-là est presque certainement fausse. Le navire étant parti le 3 novembre pour une traversée de quarante à cinquante jours, il est infiniment probable qu'il a péri dès le mois de novembre et au plus tard en décembre.

Affriandées par le succès de la dame D..., d'autres Pénélopes gasconnes, lassées d'attendre le retour d'Ulysse et de décourager leurs prétendants, se sont aussitôt présentées. Le Tribunal, non converti par l'arrêt de la Cour, a été inflexible sur les principes et les a repoussées. Elles ont fait appel avec confiance. Hélas! c'est la Cour qui a reculé en se ralliant à la doctrine du Tribunal de première instance. Trois arrêts, des 2 juin 1875, 7 février et 25 juillet 1876, ont rétabli avec force et confirmé cette sévère doctrine. Et cependant les espèces étaient plus favorables, et la disparition des navires perdus corps et biens remontait à une quinzaine d'années. Serait-ce que les navires étaient plus jeunes, qu'ils n'étaient pas chargés de bois de teinture, ou que les capitaines, dans leurs correspondances familières, auraient témoigné moins de tendresse?

« Attendu, — dit l'arrêt du 2 juin 1875, — que l'*absence* de nouvelles du navire et de son équipage peut sans doute rendre *vraisemblable* la supposition qui est faite, mais qu'on ne saurait y trouver *preuve suffisante* du décès de L... — que la dame L. ne rapporte aucune justification, qu'il n'existe dans la cause que de simples vraisemblances, des probabilités morales qui ne pourraient, dans aucun cas, autoriser la constatation légale d'un fait aussi important par ses conséquences que celui du décès.

« Attendu » — dit l'arrêt du 7 février 1876 — que la disparition prolongée de D... et des autres marins de l'équipage *laisse présumer autant l'absence que le décès*; qu'il n'y a dans la cause que des vraisemblances, etc.

L'arrêt du 25 juillet 1876 s'exprime dans des termes analogues.

On le voit, c'est l'application pure et simple de la législation de l'absence. A l'appui de cette doctrine sévère, je trouve dans l'arrêtiste de Bordeaux (1) une note extrêmement substantielle,

______

(1) *Journal des arrêts de la Cour d'appel de Bordeaux*, mai-juin 1875.

communiquée par un magistrat et retraçant avec une grande clarté l'historique de la question. Elle se termine judicieusement par ces mots : « Là où s'arrête l'office du jugement, le législateur n'a-t-il donc rien à faire ? On ne saurait le penser. Il semble, au contraire, que son initiative pourrait s'appliquer très-utilement à régler des situations vraiment dignes d'intérêt. »

Maintenant je vais franchir la Loire et passer en pays coutumier, sous le régime d'un autre code civil. Le lecteur va remarquer avec surprise qu'on ne s'y attarde pas à solliciter, pour régler des situations intéressantes, l'intervention du législateur.

Je me transporte tout d'abord à l'extrême Nord, à Dunkerque. Je ne pense pas que les juristes du Midi disent :

C'est du Nord aujourd'hui que nous vient la lumière.

A Dunkerque, il y a une population maritime très-nombreuse, et une industrie maritime toute spéciale : la pêche de la morue sur les côtes d'Islande. Une centaine de navires, montés par environ deux mille marins, sont armés chaque année pour cette pêche. Ils partent presque tous en même temps, à la fin de l'hiver. Un règlement protecteur de la vie des hommes, et dont on a eu à déplorer le retrait, réclamé au nom de la liberté commerciale, a longtemps interdit le départ avant le 1er avril. Poisson d'avril est là bien autre chose qu'une facétie. C'est un émouvant et charmant spectacle que celui du départ de la flottille. Toute la population est sur pied, toutes les femmes, les mères, les sœurs, après avoir échangé les adieux, suivent du regard, accompagnent de leurs vœux, à travers les brumes de l'horizon, les hardis pêcheurs. Reviendront-ils tous? Hélas! non. Ils vont à la rencontre des tourbillons de neige et des banquises flottantes de glace. La navigation est extrêmement dangereuse. Il y a des années véritablement calamiteuses. Plusieurs navires disparaissent broyés par les glaces, et dans de tels parages, où se réfugieront les hommes si d'autres barques ne les recueillent pas? Aussi, au retour de la flottille, on compte les navires qui manquent à l'appel; si l'on n'a pas de nouvelles des hommes, on est absolument certain qu'ils ont péri, et les veuves prennent le deuil.

C'est donc à Dunkerque qu'on voit le plus de ces infortunées, à qui la législation de l'absence ferait une situation si fausse et si cruellement immorale.

Eh bien! sous la pression des considérations morales, plus puissantes que la loi, la coutume leur vient en aide, la coutume brave le Code civil. Toutes ces femmes peuvent se remarier après deux ans. La coutume a établi une législation, une procédure et jusqu'à des délais précis. On va chez le juge de paix, qu'on trouve bienveillant, qui consent à dresser un acte de notoriété en entendant des témoins. Témoins de quoi? Ils n'ont rien vu, ils ne savent absolument que ce que tout le monde sait, qu'on est sans nouvelles de tel homme et de tel navire ; n'importe, ils déposent. Puis, avec l'acte de notoriété, on va chez un avoué qui présente une requête ; elle est communiquée au parquet. Le procureur de la République n'est pas moins bienveillant que le juge de paix ; il écrit en quatre mots : « concluons aux fins demandées ». Après quoi le Tribunal, bienveillant à son tour, sans plaidoirie, sans contradiction, rend un jugement, ou plutôt dresse l'acte de décès, car ce n'est pas autre chose. J'ai entre les mains plusieurs de ces actes de décès qui sont très-nombreux. J'en transcris un ; ils sont tous à peu près semblables : on pourrait faire imprimer des formules où il n'y aurait plus que des noms propres à remplir.

« Considérant que des documents de la cause, des renseignements fournis par l'administration de la marine, et notamment de l'acte de notoriété dressé par M. le juge de paix, le.... *résulte preuve suffisante du décès du sieur C...*

« Par ces motifs, le Tribunal déclare que ledit C..., marin, embarqué à Dunkerque sur le lougre N..., allant à Islande, *est décédé en mer....*

« Dit que le présent jugement *vaudra son acte de décès.*

« *Ordonne* en conséquence qu'il sera transcrit sur les registres de l'état civil, etc.

« A quoi faire seront l'officier de l'état civil et

tous autres dépositaires desdits registres *contraints*, etc. »

Si l'officier de l'état civil était un légiste de l'école de mon féroce correspondant du Midi, je ne vois pas très-bien comment il s'y prendrait pour résister aux ordres du Tribunal. Mais il n'y songe pas. Lui aussi il est sympathique aux honnêtes consolations, et, vingt jours après, il célèbre le mariage de la veuve C... avec un autre marin. Telle est la coutume de Flandre, si tel n'est pas le Code civil.

Souvent le chef du parquet, gardien de la loi, ne se contente pas d'apostiller favorablement une requête d'avoué. Il requiert lui-même d'office la constatation du décès, au nom et dans l'intérêt de la veuve qui a justifié de son indigence et qui, désirant contracter un nouveau mariage, a *un intérêt légitime* à demander à la justice *la déclaration du décès* de son mari. Il ajoute sommairement que cette demande est *régulière en la forme et justifiée en fait.* Le Tribunal se garde bien d'y contredire.

La coutume de Normandie ne se gêne pas davantage avec la loi. Je trouve même un jugement du Tribunal du Havre du 9 mai 1874 qui s'est singulièrement pressé. *Moins de cinq mois* après la disparition d'un navire sans nouvelles, il octroie des actes de décès à tous les hommes qui étaient à bord. D'après le Code de commerce, il aurait fallu six mois pour le délaissement *du navire* aux assureurs. Le Tribunal civil se contente de moins pour statuer sur le sort des hommes :

« Attendu que le steamer *M...* a quitté Hambourg pour le Havre, le 15 décembre 1873, ayant à bord vingt-trois hommes d'équipage et, en qualité de passagers, onze marins naufragés ;

« *Que depuis ce jour il n'a plus donné de ses nouvelles*, et qu'en raison de la route à faire et du peu de longueur de la traversée, ce navire doit être considéré comme ayant péri corps et biens ;

« *Qu'il paraît constant* que tous les marins se trouvant à bord ont péri dans cette circonstance ;

« *Par ces motifs*, le Tribunal déclare que dans la dernière quinzaine de décembre 1873, *sont décédés en mer...* ;

(Suivent trente-quatre noms ;)

« *Ordonne* que le présent jugement sera transcrit sur les registres de l'état civil du Havre, etc. »

A quelque point de vue qu'on se place, il est difficile de ne pas penser qu'il y a eu ici trop de précipitation. La perte du bâtiment n'était pas douteuse, mais des hommes auraient pu être recueillis par un navire allant au loin, allant en Chine ou à San-Francisco. Un délai de cinq mois pour les déclarer morts était certainement insuffisant. On se souvient que la Cour de Bordeaux a jugé qu'un délai de quinze ans n'établissait qu'une probabilité morale.

La coutume de Bretagne, à son tour, est indul-
gente pour les aspirations des veuves éplorées de
Saint-Malo et de Saint-Brieuc, dont les maris ne
reviennent pas de la campagne de Terre-Neuve. Je
trouve notamment à Brest de très-nombreux jugements de déclarations de décès de marins de
l'État disparus. Si, après avoir contourné le littoral de la péninsule, je m'arrête à Nantes, j'ai dit
qu'on y remarque de l'hésitation. Il arrive des
bouffées du vent desséchant du midi, du sirocco
des légistes. Il y a des veuves qui restent incon-
solées. On m'a signalé une situation véritablement
navrante. Une pauvre femme, cédant à des entraînements qu'il faut prévoir, s'était engagée dans
des liens illicites; elle élevait avec un entier dévouement une nombreuse famille; elle avait des
sentiments très-religieux; sa conscience était bour-
relée; elle n'avait pas la force de se séparer du
père de ses enfants, auxquels d'ailleurs elle eût
fait un tort irréparable; elle aspirait ardemment à
la régularisation de cette position; elle n'avait, ni
personne autour d'elle, aucun doute de la mort de
son mari, qui avait disparu dans la perte corps et
biens d'un navire. Elle n'est jamais parvenue à
obtenir un acte de décès. Que n'était-elle de Dunkerque! On a cru que pour calmer le désespoir de
cette infortunée, qu'on vit reprendre un jour plus
de sérénité, le curé s'était décidé par compassion
à bénir un mariage clandestin. Si cela est vrai,
il violait, à son tour, une loi écrite et s'exposait

à des peines sévères. Je ne sais qui aura le courage de lui en faire un crime.

Pourtant, j'ai découvert un jugement plus indulgent du Tribunal de Nantes, du 11 mai 1864, qui est un monument de haute fantaisie. Il y avait près de six ans de la disparition d'un navire lorsque la femme du capitaine demanda de faire constater le décès de son mari. Le Tribunal n'osa pas se déclarer convaincu de prime-abord et prononcer sommairement à la façon de la coutume de Dunkerque. Il désirait pourtant être agréable à la requérante. Il ordonna une enquête, il lui fallait des témoins. Or, à cette enquête, on voit figurer comme déposants : 1° *la douane* qui a opéré la radiation *du navire* sur ses registres, la douane qualifiée de *premier témoin*; 2° *les assureurs* qui ont remboursé la perte aux intéressés et qui sont qualifiés de *deuxième témoin*. Moyennant quoi le Tribunal n'a plus eu de scrupules. Il a poussé la condescendance jusqu'à fixer la date précise du décès, et à la fixer au jour même du départ de la Guadeloupe, bien que la requérante eût affirmé n'avoir reçu aucunes nouvelles quelconques. En conséquence, il prononce que le capitaine M... a péri en mer; *il fixe au* 19 *août* 1858 le jour de sa mort, et il dit que le présent jugement *lui tiendra lieu d'acte de décès.*

La veuve s'est remariée sans retard. J'espère que la douane et les assureurs auront encore été les deux témoins de la mariée : cela leur était bien dû.

Il est dangereux de chercher ainsi à préciser des témoignages sur des choses que personne n'a vues; on s'expose à des argumentations peu sérieuses, comme l'âge du navire et la tendresse de cœur de l'absent. Il vaut mieux imiter le Tribunal de Dunkerque, qui se contente d'affirmer que des documents de la cause résulte preuve suffisante du décès. C'est ce qu'il y a de moins critiquable et de plus habile.

A Saint-Nazaire, à quinze jours de distance, le même Tribunal a constaté un décès et refusé d'en constater un autre, dans des circonstances identiques. J'ai dit le motif de cette hésitation. Saint-Nazaire se trouve à l'entrée de la Loire.

La contradiction entre le Nord et le Midi est-elle assez tranchée? Et maintenant le lecteur doit être curieux de savoir quel est le Code civil de Paris, où il y a une Cour de cassation qui a mission d'unifier l'interprétation des lois, et un Ministre de la Justice qui a mission de les faire appliquer par toute la France.

La Cour de cassation ne s'est jamais occupée de la question, par la raison qu'on ne lui a jamais soumis un pourvoi. La Cour d'appel de Paris n'a jamais eu davantage à en connaître, sauf dans le cas spécial dont je parlerai tout à l'heure, qui n'était pas celui d'un navire disparu sans nouvelles. Mais l'on trouve un jugement du Tribunal civil de la Seine, du 26 février 1847, décidant que « des opinions, des conjectures, des convictions person-

nelles fondées sur l'absence de toutes nouvelles
et les nombreux sinistres qui ont existé à l'époque
où se placerait le naufrage ne suffisent point à
prouver la réalité du décès. » C'est la doctrine
du Midi. On trouve dans le même ordre d'idées,
en remontant à l'ancien droit, un arrêt extrêmement rigoureux du Parlement de Paris du 16 décembre 1771, rapporté par Merlin, qui en approuve
la rigueur. Le principe religieux de l'indissolubilité
du lien conjugal semblait devoir dominer toutes
les présomptions et ne céder qu'à la preuve directe
de la mort constatée. J'ai voulu prendre à cet
égard une petite consultation de droit canonique.
Voici ce que m'écrit un théologien éclairé : « Pour
permettre un second mariage l'Église exige *la certitude morale* de la mort du conjoint. Une absence,
si longue qu'on la suppose, même accompagnée
du bruit public de la mort du conjoint, ne suffit pas
pour établir cette certitude. *Il faut des témoigna-
gnes directs*, capables de produire soit par eux-
mêmes, soit à l'aide de l'absence, du bruit public
ou d'autres preuves supplémentaires, *la certitude*
de la mort du conjoint; *lorsqu'il reste un doute
quelconque*, le curé doit en référer à l'évêque,
lequel juge d'après les principes ci-dessus. » Il sera
aisé de voir, là encore, pour les temps anciens, la
confirmation de la doctrine du Midi. Peut-être,
au temps où nous vivons, ne sera-t-il pas malaisé
d'y voir la justification de la coutume du Nord.

L'auteur d'une note du Recueil de Sirey (1876,

I, p. 9) paraît ignorer entièrement la coutume du Nord, et frappé des inconvénients de la doctrine rigoureuse dont il rappelle les monuments, il est amené, exactement comme l'arrêtiste de Bordeaux, à solliciter aussi l'intervention du législateur. « Il faudra, dit-il, considérer les marins comme absents, et jamais on ne pourra établir leur décès ; dans ces conditions *il serait peut-être à désirer que le législateur* facilitât la preuve du décès des personnes embarquées sur des bateaux ou des navires *dont on n'a plus de nouvelles.* »

En attendant, c'est un désordre déplorable, et un désordre plein de périls. Le simple roulement du personnel de la magistrature pourrait mettre demain à la tête du parquet de Dunkerque un magistrat imbu de la doctrine du Midi, mon féroce correspondant, par exemple. On est effrayé des perturbations qu'il apporterait dans les habitudes, à moins qu'en respirant l'air brumeux des Flandres il ne s'imprégnât en même temps de leurs coutumes et ne subît les influences du milieu.

Courbe la tête, fier Sicambre, et reçois le baptême flamand.

Autrement ce n'est pas seulement l'avenir qui serait menacé ; combien de coupables et de complices de bigamie n'aurait-il pas à traduire en Cour d'assises?

Le lecteur me demande peut-être ce que je pense moi-même, et comment j'opinerais si j'avais l'honneur de siéger sur un Tribunal du Nord ou du Midi.

Je ne saurais répondre franchement sans discuter une question bien autrement générale, celle des limites dans lesquelles se meut la conscience du juge pour appliquer, à des faits nouveaux, des lois surannées, quand l'application littérale lui paraît devenue blessante pour la justice et le sens moral.

Si je réserve cette haute question, que je traiterai tout à l'heure, si je suppose que le Code civil ait été promulgué hier, et qu'il ne s'agisse que d'une interprétation du texte, je serai fort net dans ma réponse. Bien que je sois un homme du Nord, j'estime que la doctrine du Midi est seule juridique. Les marins disparus sont certainement des absents, et c'est au mépris de la loi de l'absence qu'on leur fabrique des actes de décès, avec ou sans date. C'est une audacieuse violation de la loi, que devrait réprimer la Cour de cassation. Je n'en veux pour preuves que les lois d'exception des 12 janvier 1817 et 12 août 1871, faites pour les disparus de la guerre, et un décret spécial fait pour les disparus des explosions de mines. Si les Tribunaux avaient eu déjà la faculté souveraine d'appréciation qu'ils se sont arrogée dans le Nord, les lois spéciales eussent été inutiles et plutôt gênantes. Elles ont statué pour des situations exceptionnelles, et notamment pour celles des marins au service de l'État en temps de guerre. Les marins du commerce ne rentrant pas dans les exceptions prévues sont certainement restés sous le régime du droit commun de l'absence.

Il y en a une autre preuve non moins péremptoire, c'est que la question a été posée lors de la discussion du Code civil au conseil d'État. Le consul Cambacérès avait proposé un texte réglant la situation des individus décédés dans des circonstances extraordinaires. Tronchet fit rejeter cette proposition, parce que, disait-il, ces situations *rentraient dans le cas d'absence.* Thibaudeau exprima la même pensée en déclarant que, « quand les circonstances ne fourniront pas de *preuves,* tout se réglera par les dispositions relatives *aux absents.* » Un avis du conseil d'État du 17 germinal an XIII s'est fortement prononcé dans le même sens. (1)

Le doute sur l'interprétation du texte du Code civil ne me paraît donc pas permis. Les jurisconsultes rédacteurs du Code étaient pénétrés de la doctrine sévère, exclusive des présomptions, qui avait été celle du Parlement de Paris, et ils ont entendu exclure les présomptions.

Est-ce à dire que si je siégeais au Tribunal de Dunkerque je m'efforcerais de bouleverser la coutume ? Non, je ne m'en sentirais pas le triste courage. Non, je ne voudrais pas jeter une telle perturbation dans une nombreuse population maritime, alarmer tant de consciences, renverser la légitimité de tant de mariages et de tant d'enfants, introduire et en quelque sorte consacrer judiciaire-

---

(1) Note citée plus haut de l'arrêtiste de Bordeaux.

ment l'immoralité flagrante, inciter les jeunes
femmes aux unions irrégulières et à la procréation
d'enfants adultérins, — le tout par un respect
superstitieux de légiste pour un texte suranné.

Car cette législation de l'absence, elle est surannée, elle est absurde en cette matière, elle l'est devenue, d'une manière générale, pour la transmission
des biens. Qu'on réfléchisse à ce qu'était, dans les
siècles passés, à ce qu'était encore au commencement de ce siècle l'état de la géographie, de la
navigation, des communications, de la presse, des
relations internationales. Conbien de contrées
étaient à peine connues, combien d'îles ne l'étaient
pas du tout! J'ai déjà parlé des Robinsons et des
captifs des corsaires barbaresques. Il y avait d'autres corsaires et d'autres prisonniers. L'émigra-
tion seule avait dispersé des milliers de Français,
et c'était un crime de recevoir de leurs nouvelles.
Savait-on où tous avaient porté leurs pas, poussés
par la détresse ou par l'esprit d'aventure? Je me
souviens ici d'un émigré breton qui se retrouva,
au commencement de la Restauration, élevant des
troupeaux et ayant fondé une famille dans l'inté-
rieur de la Nouvelle-Hollande. Pense-t-on que la
poste eût souvent apporté de ses lettres en Bretagne?

Le retour d'un absent n'était pas rare et semblait toujours possible. Je comprends les scrupules
du législateur, qui ne voulait même pas faire
d'exception pour les disparus de la guerre, qui peut-

être en aurait moins fait pour les marins, à cause de
leur vie aventureuse, que pour les hommes d'autres
professions. Je n'accuse donc pas le législateur de
1803. Le Code civil était sage en 1803. Il ne l'est
plus en 1878, après trois quarts de siècle, après
la merveilleuse diffusion de la poste et de la télé-
graphie, quand il ne reste plus d'îles à découvrir,
quand il y a des journaux partout, du commerce
partout, des consuls et des missionnaires partout,
quand la Mauritanie est une province française,
quand de hardis explorateurs parviennent au cen-
tre même du continent africain et savent y retrou-
ver Livingstone. On ne supposera pas, je pense,
que les marins disparus de la pêche d'Islande ou
de Terre-Neuve aient pu s'égarer là. Au surplus,
la prescription de l'article 117 du Code civil,
d'avoir égard aux causes de l'absence, étant com-
mandée par le bon sens, aucun tribunal ne décla-
rerait légèrement le décès d'un Livingstone.

Je sais bien que, dans les temps modernes, les
choses changent si rapidement que la législation
ne peut pas suivre toutes leurs évolutions, elle
serait trop instable et trop mobile. Elle paraît
donc bientôt en arrière sur les faits. Mais suis-je
un novateur bien hardi en lui demandant de ne
pas s'attarder trois quarts de siècle? D'ailleurs, et
c'est ici que j'aborde la discussion que j'ai annon-
cée, quand la législation s'est tellement attardée
que son texte littéral, appliqué à des faits nouveaux que ne prévoyait pas le législateur, blesse

les notions de la justice et de la morale, offense la
conscience du juge, je suis d'avis que la conscience
du juge a le droit d'éluder et de corriger le texte
littéral. Il se forme, autour des faits nouveaux,
une sorte de jurisprudence coutumière qui s'in-
spire des éternels principes du droit, lesquels sont
supérieurs aux particularités de textes qui ont
cessé d'y correspondre. Cette jurisprudence suit
les faits d'un pas plus agile, frayant la voie à la
marche plus lente du législateur.

Dans la préface d'un livre publié l'année dernière (1) et consacré à l'examen de litiges maritimes que régit encore l'ordonnance de Colbert, j'ai
soutenu fermement cette opinion. Peut-être, à
mon insu, m'en suis-je pénétré parce que je suis
moi-même originaire d'un pays coutumier. J'ai dit :
« Si les faits se sont tellement transformés que
l'application du texte est manifestement inique ou
absurde, le texte est virtuellement abrogé, il est
inapplicable, parce qu'on ne peut par prêter au
législateur une intention absurde... Le respect à
outrance du texte est un manque de respect pour
le législateur. C'est surtout lui manquer de respect
que de l'appeler à sanctionner l'injustice et à bles-
ser le sens moral. » Le livre a reçu, de plusieurs
éminents jurisconsultes, professeurs de la Faculté
de droit de Paris, un accueil extrêmement bienveillant, dont je suis très-reconnaissant. Il a été

---

(1) *Questions de Droit maritime.*

l'objet d'appréciations élogieuses dans la plupart des journaux et revues judiciaires. On a exprimé en général des réserves sur la thèse de la préface, qu'on a trouvée téméraire. J'ai eu ensuite des entretiens avec les auteurs de ces réserves, et il est arrivé ceci de très-curieux. Dans la conversation, ils m'ont presque constamment accordé qu'en fait les choses se passent ainsi: que la jurisprudence ne s'asservit pas toujours à la lettre des textes, qu'elle les élude souvent et se permet de grandes licences d'interprétation; que la Cour de cassation elle-même supplée ou corrige fréquemment le législateur. Seulement ils pensaient qu'il était imprudent d'approuver en principe ce laisser-aller des Tribunaux, de l'ériger presque en doctrine. Le rôle et le devoir de la doctrine seraient au contraire de combattre une tendance dont les entraînements sont dangereux, et d'arrêter le juge sur cette pente glissante. Je résumerais volontiers dans les termes suivants les observations qui m'étaient adressées. Cela se fait tous les jours, mais il n'est pas bon de l'écrire et il serait mauvais de l'enseigner.

J'oserai insister, en m'expliquant, en reconnaissant qu'il y a là, comme dans toutes les choses humaines, une question de mesure, et surtout en proposant une distinction. Quand la loi est récente, ou, fût-elle ancienne, car la date est indifférente et même la loi peut être d'autant plus respectable qu'elle est plus ancienne, quand les

faits, les mœurs, les rapports qu'elle a voulu
régir se présentent encore sous les yeux du juge,
oui, le devoir du juge est d'appliquer rigoureuse-
ment le texte de la loi et de ne pas substituer son
sens privé à celui du législateur. C'est quand les
faits, les mœurs, les rapports qu'avait voulu régir la loi ne subsistent plus et ont été remplacés par
d'autres, quand l'équation est détruite, quand l'a-
nachronisme éclate, quand il est manifeste que le
législateur se réformerait, s'il en avait le loisir,
et qu'il s'est laissé attarder, c'est alors seulement
que la conscience du juge se redresse plus libre et
va chercher ses inspirations dans des principes
supérieurs, dans ceux dont le législateur s'inspi-
rerait lui-même pour se réformer. C'est alors
qu'invoquant à son tour un adage elle se justifie
en disant : il n'y a pas de droit contre le droit.
Une image rendra bien ma pensée. La loi est
l'horloge régulatrice de la cité. Elle brille au
fronton du Palais de justice; il est présumé qu'elle
est réglée sur le soleil et soigneusement remontée
afin de marquer l'heure pour tous les rapports de
la vie sociale. Les juges à leur tour règlent leurs
montres les yeux fixés sur le cadran légal et sont
chargés de distribuer l'heure aux citoyens dans
tous les quartiers. Un jour ils s'aperçoivent que
l'horloge est arrêtée. Que faire, et distribueront-
ils l'heure fausse, par un servile respect pour le
cadran? Non, ils consulteront eux-mêmes le soleil
de justice et tâcheront de distribuer l'heure juste.

J'ai trouvé, dans une espèce très-voisine du sujet spécial de cette étude, un arrêt extrêmement précieux de la Cour d'appel de Paris, du 11 août 1874. Il n'y a guère de marins domiciliés à Paris, de marins mariés surtout, en sorte que l'occasion de juger des cas d'absence de marins après disparition du navire ne s'y présente pas. Mais il y a des négociants qui font, comme passagers, des voyages sur mer. En 1873, M. Montagut, chef d'une importante maison de commerce, revenait de New-York avec sa femme et sa fille, à bord du paquebot transatlantique *la Ville-du-Havre*. On n'a pas oublié l'épouvantable catastrophe de ce navire, qui défoncé par un abordage s'engloutit presque aussitôt. Il y eut de très-nombreuses victimes, il y eut aussi de nombreux survivants échappés au désastre, conséquemment des témoins précis. La date de l'événement, 22 novembre 1873, était certaine ; toutes ses circonstances bien connues. M. Montagut, sa femme et sa fille ne furent pas sauvés. Il n'y avait pas le plus léger doute qu'ils n'eussent péri, et péri le 22 novembre 1873. L'heure même pouvait être assignée avec certitude.

Les héritiers de M. Montagut s'adressèrent au tribunal de première instance de la Seine pour faire constater son décès. Aux divers intérêts qui sollicitaient cette constatation se joignait un intérêt d'une nature toute particulière. M. Montagut avait contracté une assurance sur sa vie auprès d'une honorable Compagnie française. La Compagnie devait-elle payer la somme assurée? Oui, si le décès était constaté, non s'il ne l'était pas. A qui? Aux héritiers, s'il y avait une succession ouverte.

On conçoit que cela n'eût pas embarrassé longtemps le tribunal de Dunkerque. Le tribunal de la Seine fut singulièrement timoré. Malgré l'évidence accablante du fait et des témoignages, il repoussa la demande, jugeant qu'il n'y avait pas de preuves démonstratives, de constatation du décès.

C'est la doctrine du Midi, poussée à outrance. C'est l'absence. L'envoi en possession provisoire de la succession ne peut avoir lieu que dans cinq ans; l'envoi en possession définitive que dans trente-cinq ans. Les conséquences, par rapport à l'assurance contractée, sont étranges; non-seulement le décès n'étant pas constaté la Compagnie ne doit rien, il faut, l'assuré étant réputé vivant, continuer de payer les primes annuelles, à peine de déchéance. Ce n'est pas tout. Aux termes du contrat, la Compagnie a le droit d'exiger un certificat médical attestant le genre de maladie ou d'accident dont est mort l'assuré. On ne l'aura jamais, à moins qu'un médecin complaisant n'atteste que M. Montagut est mort, noyé dans un naufrage, le 22 novembre 1873, ce qu'a refusé de constater le tribunal.

On voit qu'on est acculé à l'absurde. Il n'y a pas d'autre mot. Les assurances sur la vie sont encore une institution postérieure au Code civil et dont il est nécessaire que la jurisprudence fasse la législation, à défaut du législateur attardé. L'application littérale des textes de l'absence, quand il est certain que l'assuré est mort noyé le 22 novembre 1873, c'est l'absurde.

Les héritiers ont interjeté appel. La Cour de Paris n'a pas voulu être absurde. Elle a jugé, *faisant ce que les premiers juges auraient dû faire*, que M. Montagut, sa femme et sa fille étaient décédés en mer le 22 novembre 1873. Elle a ordonné que, *pour tous trois, le présent arrêt tiendrait lieu d'acte de décès*, et serait donc transcrit sur les registres de décès du neuvième arrondissement de Paris. Elle a eu mille fois raison, mais comment s'y est-elle prise pour concilier cette décision de bon sens avec la doctrine ou plutôt avec la loi écrite du Code civil? Elle sentait très-bien qu'elle violait la loi écrite. Elle ne pouvait pas lire, comme d'autres tribunaux l'ont voulu faire, le droit qu'elle s'arrogeait dans le texte de l'article 46 du Code civil, qui permet la preuve par témoins *lorsqu'il n'aura pas existé de registres ou qu'ils seront perdus*. Elle a dédaigné cette interprétation, elle a été plus courageuse, et je l'en honore. En citant cet article 46, elle a dit que le pouvoir qu'il accorde aux tribunaux « *existe par identité de raison* quand un décès est survenu dans des cas où il y a impossibilité absolue de le constater suivant les formes ordinaires. » C'est une affirmation

grave, et j'engage les légistes à réfléchir à la portée de ces mots. Un pouvoir, donné par la loi dans
certains cas prévus et définis, existe dans d'autres
par identité de raison; c'est bien ajouter à la loi,
supposer que le législateur *raisonne* à nouveau,
c'est étendre une exception, c'est ma thèse, que
je suis heureux d'abriter sous l'autorité de la Cour
de Paris.

Dans le cas où le paquebot *la Ville-du-Havre*
aurait disparu sans aucunes nouvelles, on peut
deviner ce qu'aurait décidé la Cour. Elle a mis
tant de soin à s'entourer de témoignages précis
qu'on peut croire qu'elle n'aurait pas voulu constater un décès sans date et sans témoins. Pourtant
la situation née du contrat d'assurance sur la vie
aurait commandé une solution qui ne fût pas une
absurdité, un déni de justice au profit d'une Compagnie. Il n'eût pas été difficile d'élargir un peu
plus l'argument de la Cour, dont me paraît pouvoir s'autoriser la coutume flamande. Un des jugements de Dunkerque que j'ai entre les mains concerne l'équipage d'un navire qui avait disparu en
allant de Dunkerque à Londres. Le tribunal était
aussi certain de la mort des hommes, il est aussi
certain de celle des pêcheurs d'Islande qui disparaissent pendant la pêche que la Cour de Paris
était certaine de la mort de M. Montagut. En présence d'une certitude égale, pourquoi des solu-
tions différentes? Le tribunal de Dunkerque,
copiant l'arrêt de la Cour de Paris, pourrait dire

aussi que « le pouvoir donné aux tribunaux par l'article 46 existe *par identité de raison* quand un décès est survenu dans des cas où il y a impossibilité absolue de le constater suivant les formes ordinaires, et de plus quand il y a impossibilité absolue d'avoir des témoins. » Ainsi l'arrêt de Paris justifie la jurisprudence du Nord.

Elle peut s'appuyer sur une autorité plus haute encore. J'ai dit qu'il n'y a jamais eu de décision de la Cour de cassation concernant des marins disparus, mais la Cour suprême a rendu, le 12 mars 1807, dans une espèce où il s'agissait aussi d'un absent présumé mort, bien qu'il n'y eût pas de décès constaté, un arrêt extrêmement précieux pour ma thèse. Une femme, qui avait notoirement la situation de veuve, avait passé en cette qualité une série d'actes. Sa mauvaise foi imagina de contester la validité d'un de ces actes, faute d'autorisation du mari absent. Succombant devant les tribunaux dans cette entreprise improbe, la mauvaise foi se pourvut en cassation. La Cour suprême ne voulut pas davantage consacrer le triomphe de l'improbité. Comment s'y prendre puisqu'il était certain qu'on ne pouvait pas justifier par un acte de décès de la qualité de veuve? « Attendu, dit l'arrêt, que les circonstances très-extraordinaires que présente la cause ont placé les juges *dans les cas imprévus par la loi et abandonnés à la prudence des tribunaux ;* que dans l'espèce, où il s'agit uniquement de la validité d'actes souscrits par la demanderesse, la série d'actes publics dans lesquels elle a énoncé sa viduité, appuyée de la notoriété *publique du décès de son mari à Chinon*, a autorisé l'admission des faits allégués; que les dispositions des articles 14, titre 20, de l'ordonnance de 1667 et 46 du Code civil *ne sont pas nécessairement exclusives* de l'admission de la preuve testimoniale dans tous les autres cas que ceux prévus aux dits articles, etc. »

N'est-ce pas là ma thèse! On sent palpiter en quelque sorte la conscience du magistrat qui ne peut pas se résoudre à rendre l'injustice, qui s'affranchit des étreintes du texte en s'efforçant d'en délier les mailles trop serrées, qui étend les exceptions, qui ruse, si j'ose le dire, avec l'interprétation, qui apprécie les circonstances extraordinaires de fait et prononce que la loi a voulu les abandonner à la prudence des tribunaux. Je crois entendre la plaidoirie de l'avocat qui soutenait le pourvoi. Il devait avoir pleine confiance dans le succès. Il citait des textes clairs et accablants. Il rappelait le principe qu'il n'est pas permis d'étendre les exceptions de la loi. Vains efforts! Il a rencontré les protestations de la conscience indignée de magistrats honnêtes; même devant la Cour de cassation, la notoriété publique et la certitude morale ont tenu lieu de preuves directes du décès.

On a vu, par la consultation de droit canonique que j'ai rapportée, qu'elle aboutit aussi en réalité à la certitude morale. En définitive, le curé appréciait les preuves du décès du mari, et s'il avait des doutes, il en référait à son évêque, qui appréciait à son tour. Les parties avaient la ressource d'en appeler au Parlement, qui appréciait encore. L'arrêt du 10 décembre 1771, qui nous paraît un arrêt rigoureux de principe, appréciait qu'il pouvait rester des doutes sur la mort du naufragé, et que les preuves produites étaient insuffisantes.

Au surplus, j'ai maintenant à citer un texte que je n'ai jamais vu invoquer dans ces discussions. L'article 139 du Code civil, *au titre de l'absence*, porte :

« *L'époux absent* dont le conjoint a contracté une nouvelle union sera seul recevable à attaquer ce mariage... »

Ainsi le Code civil suppose que le conjoint de l'absent a pu se remarier. Comment cela, sinon parce que les tribunaux ou les officiers de l'état civil auront pris pour preuves du décès des présomptions qui se trouvent démenties, et, par exemple, la constatation administrative du Ministre de la marine dont je parlerai tout à l'heure ? Donc, dirai-je, ils puisent dans cet article même le droit, ils peuvent y lire entre les lignes le devoir de tenir compte des présomptions graves, précises et concordantes, pour suppléer la preuve directe de la mort de l'absent.

Il est très-remarquable que l'absent, reparais-

sant, sera seul recevable à attaquer le mariage.
Le ministère public n'aura donc aucune mission à
remplir. Les parents, les enfants de l'absent
auront pu sans doute faire opposition au mariage
lors des publications et avant la célébration. Ils ne
pourront pas attaquer le mariage célébré.

Comment l'absent, reparaissant, attaquera-t-il
le second mariage? Evidemment en en faisant prononcer la nullité. Eh bien, ici encore je trouve
le législateur indulgent et même bienveillant. L'article 201 du Code civil porte que « le mariage qui
a été déclaré nul produit néanmoins les effets
civils, tant à l'égard des époux qu'à l'égard des
enfants, *s'il a été contracté de bonne foi.* » Admi-
rable disposition, que je salue comme tout ce qui
vient en aide à la bonne foi et à la morale, avec
autant de respect que j'ai de répulsion pour le formalisme qui favorise l'improbité ou l'immoralité.
Malgré l'erreur qui a présidé à son second
mariage, la femme restera donc honorée, et ses
enfants resteront légitimes. Le législateur, bien
inspiré, a pourvu à tout. On serait tenté de croire
que, frappé lui-même des conséquences immorales
que peut entraîner la législation de l'absence, il
a voulu ménager et presque indiquer des échappa-
toires.

Le retour de l'absent, réclamant sa place au
foyer, est en effet la seule chance à considérer.
Quand il s'agit de l'équipage d'un navire disparu,
cette chance est si minime qu'il est permis de n'y

voir qu'une hypothèse. Depuis que la coutume du Nord marie des veuves d'absents, on ne connaît pas un seul exemple de retour, et il faut abandonner à la légende l'anecdote, qui a cours sur le littoral, d'une femme de marin qui aurait trois maris vivants. Comme je le disais plus haut, la chance d'erreur sur l'identité d'une foule de pauvres gens dont le décès est régulièrement constaté est beaucoup plus considérable.

C'est ainsi qu'après avoir défendu la jurisprudence du Nord par la thèse générale que j'ai osé soutenir, je trouve à l'appuyer sur le texte même de l'article 139 du Code civil.

Le point faible de cette jurisprudence est de prétendre assigner arbitrairement au décès, sur des présomptions d'ordinaire frivoles, *une date* ou approximative ou même précise. Je ne découvre sous ce rapport aucune coutume satisfaisante. On a vu le Tribunal de Nantes *fixer le jour du décès* au 19 août, jour du départ de Guadeloupe. On a vu la Cour de Bordeaux, qui n'en savait rien davantage, déclarer au contraire que le décès d'un capitaine, parti du Mexique le 3 novembre, *était advenu en janvier*, ce qui était presque certainement faux. J'ai sous les yeux un jugement du Tri- de Saint-Brieuc, du 5 février dernier, qui prononce que le décès d'hommes, partis de Terre-Neuve, le 25 septembre 1875, sur un navire disparu, a eu lieu *du 27 au 30 septembre*. C'est une simple conjecture, tirée des attestations de capitaines faisant la même route, qui ont déclaré avoir traversé à cette époque des tempêtes et des banquises de glaces. Je ne trouve nonplus aucune base sérieuse dans les nombreux jugements de Dunkerque. Un pêcheur d'Islande serait mort à la fin de mars, ce qui au moins est possible, un autre le 31 décembre, ce qui est impossible et certainement mensonger. Il n'y a pas une barque de pêche qui tienne la mer à une époque aussi reculée, et l'équipage, faute de vivres, serait mort de faim depuis longtemps. Ces affirmations de dates sont un grand tort. La jurisprudence s'affaiblit, prête le flanc à la critique, s'expose à être brisée en joignant ainsi à la déclaration de la seule chose certaine, le décès, d'autres déclarations arbitraires ou fausses.

On sait de quelle importance est souvent, pour l'ordre et l'ouverture des successions, la date d'un décès. En l'absence de présomptions effectives suffisantes, qui feront toujours défaut, il n'y a place ici que pour la présomption légale, et jusqu'à ce qu'une loi en ait établi une, pour une règle coutumière, empruntée à une présomption légale. C'est ainsi que les articles 720 à 722 du Code civil déterminent les présomptions légales de prédécès entre les personnes qui périssent dans le même événement. C'est là qu'il faudra recourir pour les membres de la même famille qui auront disparu sur le même navire. Quant à fixer la date commune de leur décès, la loi commerciale fournit la règle à suivre, par une analogie tout à fait topique. L'article 376 du Code de commerce, précisément relatif aux navires disparus, porte que dans le cas d'une assurance pour temps limité, la perte du navire est *présumée* arrivée dans le temps de l'assurance. Cela veut dire que, si un navire était assuré pour une année de navigation, du 1er janvier au 31 décembre inclus, s'il partait du Havre le soir du 31 décembre pour le Japon, et disparaissait sans qu'on en eût aucunes nouvelles, la perte serait à la charge des assureurs; elle serait *présumée* avoir eu lieu le 31 décembre. Il est cependant bien manifeste qu'en réalité elle n'aurait pas eu lieu si près de nos côtes, par un beau temps, dans les quelques heures de durée qu'avait encore l'assurance. Mais la présomption légale identifie la date de la perte avec celle des dernières nouvelles, et c'est sagesse, parce qu'il est impossible de trouver une autre base.

Je m'étonne que la coutume du Nord n'ait pas su imiter cet exemple en assignant pareillement pour date de la mort des marins disparus la date du départ ou des dernières nouvelles. Il n'y a pas d'autre règle possible. Je n'hésiterais pas à en donner le conseil aux tribunaux, ainsi qu'aux rédacteurs de la loi nouvelle qu'il est à propos de présenter au vote des chambres législatives.

La conclusion de cette étude ne peut pas être autre, en effet, que le vœu ardemment exprimé d'une loi spéciale, que j'estime urgente. La jurisprudence du Nord ne suffit pas, puisqu'elle s'arrête à la barrière infranchissable de la Loire. Elle est d'ailleurs précaire ; elle pourrait varier, être à la merci d'un roulement dans la magistrature, d'un appel ou d'un pourvoi. Si convaincu que je sois de sa légitimité, à raison des grands intérêts moraux qu'elle protège, ce n'est là qu'une opinion personnelle, une opinion sans autorité, que viennent de condamner trois arrêts solennels de la cour de Bordeaux, après quatre jugements fortement motivés. Une seule Cour, celle de Rennes, s'est prononcée dans le sens de la coutume du Nord. Cette coutume court un autre risque, celui de se compromettre en glissant sur la pente de l'arbitraire. On a vu le jugement du Havre qui dresse en bloc trente-quatre actes de décès, moins de cinq mois après la disparition. On a vu les décisions qui inventent des dates.

Par toutes ces raisons, il faut une loi pour rassurer les populations maritimes dans le Nord, pour les secourir dans le Midi.

J'adjure le Ministre de la justice d'être attentif au scandale qui divise ainsi la France judiciaire en deux zônes, dont chacune a son Code civil. J'adjure les Chambres de commerce des ports de mer de solliciter l'intervention du législateur ; les députés, les sénateurs des départements du littoral d'user, au besoin, de leur initiative. Il y a là un grand intérêt, moral et social, qui est en souffrance.

Enfin et surtout, je recommande la question à

la haute sollicitude du Ministre de la marine, protecteur naturel des populations maritimes.

Le Ministre de la marine a déjà fait beaucoup, et d'abord, dans l'ordre administratif, tout ce qui était possible à la bienveillance. L'instruction générale sur la comptabilité de l'établissement des invalides de la marine, en date du 19 décembre 1859, porte : « Article 22. Le décès d'un marin est établi *administrativement*, soit par un procès-verbal de disparition en mer, soit par un certificat constatant que le navire est réputé avoir péri corps et biens, soit *par tout acte qui fait présumer le décès* ».

L'ordonnancement des sommes à payer aux héritiers a lieu dans les termes suivants :

« Les pièces produites m'ayant paru établir suffisamment *la preuve administrative* du décès, j'autorise le paiement desdites sommes aux héritiers, sans qu'ils soient tenus de rapporter l'acte de décès en forme ».

Les pensions aux veuves sont ainsi liquidées, sur *preuve administrative* du décès. La sollicitude du Ministre s'est portée bien plus loin. Il a pensé avec raison qu'il y avait *un intérêt public* à faire constater *judiciairement* les décès, lorsqu'une catastrophe avait englouti l'équipage entier d'un bâtiment de l'État qui avait péri corps et biens. Il a provoqué le concours du Ministre de la justice, afin de faire intervenir les magistrats du parquet.

Le 24 octobre 1872, le Tribunal civil de Brest, *sur la réquisition d'office du procureur de la République*, déclarait constant le décès de cent soixante-quatorze personnes qui se trouvaient à bord de la corvette *le Monge*, laquelle avait disparu dans les mers de Chine en 1868, et disait que le jugement *leur tiendrait lieu d'acte de décès.*

En publiant cette décision par une circulaire du 2 avril 1873, le Ministre affirmait comme doctrine que « la constatation judiciaire du décès des marins disparus est une mesure *d'ordre public,* que les parquets ont le droit et le devoir de provoquer d'office ».

Le Ministre avait semblé n'avoir eu en vue que les marins servant à bord des bâtiments de l'État. Au reçu de cette circulaire, M. Le Fraper, commissaire général, chef du service de la marine au Havre, faisait observer que le même intérêt public existe pour les équipages des navires de commerce disparus. Sur sa proposition, il était en effet autorisé à saisir d'une demande le parquet, et c'est sur la réquisition du ministère public que le Tribunal du Havre constatait, en 1874 et 1875, le décès des hommes disparus des vapeurs *la Ville-du-Havre, la Marguerite* et *l'Ardent.*

Il n'y a pas loin de Brest à Bordeaux, ni du Havre à Dunkerque. On a vu combien la doctrine des trois arrêts de la Cour de Bordeaux est éloignée de celle du Ministre de la marine. A Dunkerque, le parquet n'intervient pas d'office, il attend que le tribunal soit saisi par les demandes des intéressés. A Brest, le tribunal a constaté cent soixante-quatorze décès par un seul jugement. A Saint-Brieuc, l'on exige pour chaque homme un jugement séparé et motivé.

L'anarchie judiciaire, à laquelle s'ajoute l'arbitraire des délais et des dates, est-elle assez complète? Il appartiendrait au Ministre de la marine d'achever son œuvre, en se concertant avec son collègue de la Justice pour la préparation d'une loi spéciale, qui est devenue manifestement un besoin.

Le Mémoire qui précède a déjà reçu l'hospitalité d'une revue française, *le Correspondant*. En le publiant d'abord sous cette forme, j'avais pour but d'appeler des observations, des informations nouvelles, et, s'il y avait lieu, des contradictions. Ce but a été atteint. J'ai reçu des communications très-intéressantes dont je remercie les auteurs. Toutes ont été sympathiques et m'ont encouragé à poursuivre l'œuvre de réforme législative dont je crois avoir démontré le besoin.

Je dois des remerciements particuliers au magistrat distingué que j'ai appelé mon féroce correspondant du Midi. Il a pris en homme d'esprit mes inoffensives plaisanteries sur les conséquences à outrance de la rigueur de sa doctrine. Il a eu la bonne grâce de m'écrire ce qui suit, après m'avoir félicité : « Comme magistrat, j'ai dû rester fidèle à la vieille maxime, *dura lex sed lex*, mais soyez convaincu que j'applaudirai de grand cœur à une réforme dont vous démontrez si bien *l'incontestable nécessité.* »

Si c'est là un contradicteur, on conviendra qu'il serait difficile d'en rencontrer un d'une plus parfaite courtoisie.

Un avocat d'une ville maritime de l'Ouest me signale, avec l'accent pénétré de l'homme de bien, les résultats véritablement affligeants des lacunes de la loi, de l'anarchie de la jurisprudence : « Vous avez, m'écrit-il, vivement dépeint l'une des plaies de nos populations maritimes. La disparition du marin crée pour les siens d'inextricables embarras. Quand il est célibataire, quand il ne possède rien, on le pleure et tout est dit. Mais quand il est marié, quand il a des enfants, sa femme n'est pas veuve et ses enfants ne sont pas orphelins. Au point de vue de l'état civil et de la régularisation de la situation de chacun dans la famille, que de difficultés, que d'ennuis, que de pertes de temps et d'argent sans profit pour personne! Et que de complications! Je prendrai un seul exemple entre mille. Une succession mobilière échoit à un marin disparu et marié. Le marin sera réputé mort, comme successible, puisque la preuve de son existence ne pourra pas être faite (Code civil, articles 135 et 136). Quant à sa femme, pourra-t-elle invoquer le bénéfice de la communauté qui a existé entre elle et son mari? Si oui, le mari sera donc considéré comme mort vis-à-vis de ses cohéritiers et de ses descendants, et comme vivant vis-à-vis de sa femme. C'est absurde. Si non, la femme sera considérée comme veuve en ce qui concerne les biens advenus à son mari, et comme non veuve en ce qui concerne la faculté de se remarier. Encore l'absurde.

« Et au milieu de tout cela, pas de jurisprudence. Suivant la disposition des juges, on obtient ou l'on n'obtient pas la constatation du décès.

« Je connais beaucoup de cas où il serait indispensable de faire constater le décès des marins disparus, soit au point de vue de la veuve, soit au point de vue d'intérêts pécuniaires considérables restés en souffrance. Je sais une famille de ma commune où la grand'mère, la fille et la petite-fille sont toutes les trois veuves de marins disparus.

« Il y a donc quelque chose à faire, et une bonne loi qui modifierait une législation surannée serait la bienvenue. »

Voilà une lettre qui vaut mieux à elle seule que tout mon Mémoire.

Des professeurs de la Faculté de droit de Paris ont pris la peine de m'adresser, avec une parfaite bienveillance, de très-précieuses observations. Je suppose, sans en rien savoir, qu'ils sont comme moi originaires d'un pays coutumier, car ils se prononcent en faveur de la jurisprudence du Nord. Ils me font savoir que, dans les conversations de l'École, un seul de leurs collègues s'est déclaré partisan résolu de la doctrine de mon féroce correspondant du Midi. Quant à eux, ils pensent que l'article 46 du Code civil, bien interprété, peut suffire à autoriser la jurisprudence du Nord. Je dirai bien timidement que j'ai le regret de ne pas partager cet avis. Voici le texte de l'article 46 :

« Lorsqu'*il n'aura pas existé de registres*, ou
« qu'ils seront *perdus*, la preuve en sera reçue
« tant par titres que par témoins, et, dans ce cas,

« les mariages, naissances et décès pourront être
« prouvés tant par les registres et papiers éma-
« nés des pères et mères décédés, que par
« témoins. »

Aux termes de l'article 86, le rôle d'équipage
tient lieu, pour les décès survenus pendant un
voyage de mer, de registre de l'état civil : quand
le navire a péri, ce registre est *perdu*. La preuve
du décès des hommes peut donc être reçue par les
tribunaux. Tel est le raisonnement.

Il ne me semble pas que les deux hypothèses
prévues, — il n'a pas existé de registres — ou ils
ont été perdus — reçoivent ici leur application.
Les registres de l'état civil des marins et des passagers existent, à leurs domiciles respectifs. Le
rôle d'équipage d'un navire n'est pas un registre
de l'état civil, et n'est pas même un registre quelconque. C'est une feuille volante ou plutôt habi-
tuellement *roulée* (un rôle), et enfermée, pour être
à la fois portative et protégée, dans un étui de fer-
blanc. C'est l'instrument d'un contrat, du contrat
de louage du travail des hommes; il constate les
conditions de leur engagement (Article 250 du
Code de commerce). Ce n'est pas autre chose. A
la vérité, quand un décès survient en mer, l'article 86, après avoir prescrit au capitaine d'en dresser l'acte, ajoute que cet acte sera inscrit *à la
suite du rôle d'équipage*. La recommandation est
très-sage, l'acte aura la même protection que le
contrat qui assure les droits personnels du capi-

taine. Elle ne peut pas toujours être matérielle-
ment accomplie, si le papier blanc manque à la
suite du rôle; elle peut être négligée, et elle n'a
pas de sanction. Certainement, si le capitaine dres-
sait l'acte de décès sur une autre feuille volante ou
l'inscrivait sur son Journal de bord, coté et pa-
raphé, qui est un véritable *registre* (Article 224
du Code de commerce), l'acte ne perdrait rien de
sa validité.

L'article 87 du Code civil dispose qu'à l'arrivée
dans le port de désarmement, le préposé à l'inscrip-
tion maritime enverra une expédition de l'acte de
décès, de lui signée, à l'officier de l'état civil *du
domicile* de la personne décédée, pour être inscrite
de suite *sur les registres*. J'ai donc eu raison de
dire que les registres de l'état civil des navigateurs sont ceux *de leurs domiciles*, et non le rôle
d'équipage.

Il en est autrement des militaires en campagne
hors du territoire français. Pour eux, les articles
88 et suivants prescrivent la tenue de véritables
registres de l'état civil dans chaque corps de trou-
pes, lesquels registres sont déposés et conservés
aux archives de la guerre.

Quand bien même on voudrait assimiler le rôle
d'équipage à un registre de l'état civil, il y aurait
les difficultés suivantes. Souvent, lorsqu'un navire
abandonné en mer n'est pas lourdement chargé,
il continue de flotter. Un navigateur rencontre
cette épave, monte à bord, constate qu'elle n'a pas

d'habitants, fouille les chambres, trouve les papiers, notamment le rôle d'équipage, et le rapporte en France. Le prétendu registre existe donc et n'est pas perdu. Les hommes n'y ont pas inscrit leurs décès. Que sont-ils devenus? Sont-ils morts ou vivants? On n'en sait rien. Ils ont pu s'éloigner dans les chaloupes pour y périr misérablement quelques jours après; ils ont pu être sauvés par un autre navire, ou, si l'épave porte les traces d'un abordage, être recueillis par l'abordeur. On acquerra ultérieurement la certitude morale de leur mort s'il s'écoule un temps, même assez court, sans qu'on ait de leurs nouvelles. Le fait que le rôle d'équipage est perdu ou retrouvé n'apporte ni n'enlève sur leur sort aucune lumière, aucune présomption quelconque. Comment prêter au législateur la pensée de rendre décisif, pour déterminer les droits des tribunaux, un fait si indifférent? Ce qui est grave, c'est que les hommes ne se retrouvent pas, et non pas que le rôle d'équipage se retrouve.

Ce n'est pas tout. Il arrive assez souvent qu'un homme isolé disparaisse du bord, la nuit, dans un gros temps. Il sera tombé à la mer ou aura été enlevé par la mer. Quand on s'en aperçoit, plusieurs jours après peut-être, si c'est un homme obscur, on constate, quoi? sa disparition, non son décès qui n'a pas eu de témoins. Un capitaine correct, timoré, ne dresse pas un acte de décès, il dresse un acte de disparition; il l'inscrit sur son registre de bord. Le rôle d'équipage existe. Voici de nouveau que la prétendue interprétation de l'article 46 échappe.

Jusqu'en 1852, beaucoup de barques de pêche n'avaient pas de rôles d'équipage. Maintenant encore, les bateaux ou yachts de plaisance ne sont pas obligés d'en avoir un. On se contente d'un permis de navigation. Les registres de l'état civil des hommes sont certainement à terre. Ces barques peuvent sombrer et disparaître. Le prétexte d'invoquer l'article 46 manque encore.

Parlons enfin des passagers. Ils ne figurent sur aucun rôle d'équipage ; on ne sait ni leurs noms, ni leur nombre. Vous assistez sur les quais du Havre aux apprêts de la sortie des bateaux à vapeur. Toutes les cloches sont en branle ; jusqu'au dernier coup de cloche, jusqu'à l'enlèvement de la passerelle, des hommes, des femmes montent précipitamment à bord. Le capitaine verrait de ses yeux un passager tomber à la mer, il serait dans l'impossibilité de lui dresser un acte de décès. Comment, dans ce cas, comment, si le bateau disparaît tout entier, un tribunal, pour statuer sur le sort des passagers disparus, essaiera-t-il d'argumenter de ce qu'un rôle d'équipage est un registre de l'état civil ?

Pour écarter complétement l'article 46, il suffit de le supposer redigé comme le rédige l'interprétation que je combats : « Lorsqu'il n'aura pas « existé *de rôle d'équipage*, ou qu'il sera perdu,

« les décès des hommes disparus en mer pourront
« être prouvés tant par les registres et papiers
« émanés des pères et mères décédés, que par
« témoins ». Disposition à laquelle je chercherais vainement un sens raisonnable et une logique.

La vérité est que les rédacteurs de l'article 46 n'ont nullement eu en vue les navigateurs ; la vérité est qu'il y a lieu d'autoriser les tribunaux à constater le décès des navigateurs au moyen des présomptions, *parce qu'ils sont des navigateurs*, parce que, voyageant sur mer, ils sont exposés à périr *sans témoins*, et non par aucune autre raison ; la vérité est que l'article 46 a si peu pensé aux navigateurs, qu'il a précisément, dans les deux hypothèses prévues de non-existence et de destruction des registres, confondant les mariages, les naissances et les décès, autorisé l'admission de la preuve *par témoins*, laquelle est impossible pour les décès des navigateurs disparus.

Au surplus, si je me trompe, et je crains toujours de me tromper en discutant contre l'autorité des maîtres, ce n'est pas moi qu'il importe de convaincre que l'article 46 suffit ; j'ai déclaré n'avoir pas besoin de cet article. C'est la magistrature de la moitié de la France qui résiste à l'application de l'article 46 ; c'est la Cour de Bordeaux, liée par trois arrêts successifs de doctrine ; c'est la Cour de Paris elle-même, qui, tout en étendant hardiment, *par identité de raison*, l'article 46 à d'autres hypothèses qu'il ne prévoyait pas, a fait comparaître et a exigé *des témoins.*

Aussi, quand l'un de mes obligeants correspondants termine sa lettre par ces mots d'une bienveillance si encourageante : « Que votre parole « persuasive amène un changement de législation « *ou seulement un changement de jurisprudence,* « vous aurez rendu service à une classe de per- « sonnes très-digne d'intérêt, rendu service à la « morale et, par suite, à la société », je n'hésite pas, c'est un changement de législation que je m'attache à poursuivre. C'est beaucoup plus sûr et c'est beaucoup plus facile, puisque, s'il y a des contradicteurs sur la doctrine et l'application des lois existantes, il n'y en a pas sur le but.

Que doit être cette législation nouvelle ? Suivant moi, la consécration de la coutume de Dunkerque, avec la correction que j'ai indiquée, d'une présomption légale établie pour la date du décès, laquelle ne peut être que la date des dernières nouvelles. C'est à Dunkerque qu'on a compté le plus de marins disparus, c'est là que la puissance des faits et des besoins de chaque jour a imposé la coutume la plus rationnelle : un délai minimum de deux ans, et même, comme il s'agit d'un minimum, un an pourrait suffire; une notoriété d'abord constatée par le juge de paix, non contestée par le parquet qui peut toujours requérir un supplément d'enquête, confirmée en second degré par le tribunal, qui peut lui-même surseoir et ordonner

des informations nouvelles, enfin un jugement in-
dividuel pour chaque constatation. Il y a là un
ensemble de garanties qui ne laisse place à aucune inquiétude. Je n'aime pas, je l'avoue, ces
constatations de listes qu'on a vu pratiquer par les
tribunaux de Brest et du Havre.

J'ai fait des recherches dans les législations
étrangères. Je n'ai trouvé à recommander que
celle de l'Italie.

En Angleterre, aucune loi spéciale ne concerne
les navigateurs; mais d'après la loi commune, il y
a présomption de décès d'un absent dont on n'a
pas de nouvelles depuis sept ans. C'est trop ou
trop peu. Beaucoup trop pour les équipages qui
ont notoirement péri avec les navires disparus ou
perdus corps et biens, trop peu dans d'autres hypothèses d'absence.

En Allemagne, les veuves des marins, en l'absence de toutes nouvelles *du navire*, ne peuvent se
remarier qu'*après dix ans*, et encore pourvu que le
mari absent ait atteint sa cinquantième année. La
veuve d'un marin parti à l'âge de vingt-cinq ans
attendra donc un quart de siècle. Pénélope man-
quera un peu de fraîcheur lorsqu'il lui sera permis
de combler les vœux d'un prétendant qui n'aura
pas manqué de constance, et elle aura eu le temps
de s'habituer au veuvage. Cette disposition bizarre
est aussi arriérée et moins justifiable encore que
notre législation de l'absence. Je suis convaincu
qu'on l'élude dans la pratique en appréciant

les preuves de la perte du navire et de l'équipage.

En Hollande, autre bizarrerie, non moins arriérée. Il n'y a rien de spécial aux navigateurs, et les marins disparus sont bien des absents. Mais d'après l'article 254 du Code civil, le mariage est dissous *par l'absence pendant dix ans d'un des conjoints*. Un formalisme très-compliqué a lieu pour la constatation. Avec l'autorisation du tribunal, il est fait à trois mois d'intervalle, par la voie des journaux, trois sommations à l'absent de vouloir bien se remontrer ou donner au moins de ses nouvelles, faute de quoi il sera réputé mort. On lit souvent dans les journaux de Hollande ce genre d'avis, par lequel la femme d'un marin disparu témoigne en grimoire d'huissier ses regrets et son impatience, l'avertissant que s'il ne se hâte pas de rentrer au domicile conjugal où il est attendu depuis dix ans, elle se hâtera de se donner un consolateur, lequel d'ordinaire n'est pas loin et ne risque pas d'être dérangé par un importun. Le mari absent, que chacun sait au fond de la mer depuis dix ans, a de bonnes raisons de n'y pas lire les journaux d'Amsterdam. Le tribunal prononce, et le formalisme est sauf, sinon le bon sens.

En Italie seulement, on trouve une législation nette, sensée, spécialement appropriée aux navigateurs. L'article 396 du Code civil italien porte que « lorsque par la suite du naufrage d'un navire tous les hommes de l'équipage ont péri, ainsi que tous les passagers, l'autorité maritime, après s'être assurée du sinistre, en fera insérer la déclaration authentique dans le registre de l'état civil de la commune à laquelle appartenaient les personnes décédées. »

Voilà pour la perte corps et biens dont la preuve est acquise. Voici pour la présomption légale. L'article 50 du Code de la marine marchande porte : « Le navire dont on n'a pas de nouvelles depuis deux ans sera rayé du rôle. » Alors commence le même devoir pour l'autorité maritime, qui fait enregistrer aux domiciles respectifs les actes de décès de tous les hommes.

L'honorable jurisconsulte de Gênes qui veut bien m'envoyer ces informations dit avec infiniment de raison : « Il ne faut pas confondre l'absence et la mort. Un marin embarqué sur un navire pour y exercer son métier n'est pas un absent. Après deux ans écoulés sans qu'on ait de nouvelles du navire sur lequel il était embarqué, il est mort. Sa veuve peut se remarier, son testament est ouvert, ses héritiers sont mis en possession de l'héritage. » Il ajoute : « Notre système vous paraîtra peut-être large. Il existe depuis des siècles en Italie, et je peux vous assurer que nous n'en avons jamais constaté d'inconvénients. »

J'avoue que je suis confondu que ce système ait pu exister depuis des siècles à notre frontière sans qu'on ait songé à l'imiter en France, sans qu'il fût seulement connu, même à Marseille. Il est tellement simple que, frappé de plus du témoignage de mon correspondant sur les résultats d'une expérience plusieurs fois séculaire, j'étais d'abord fort tenté d'en proposer l'adoption à nos législateurs.

Je remarque cependant qu'il y a des cas, très-exceptionnels à la vérité, où ce délai absolu de deux ans, pour une constatation administrative sans intervention de la justice, semblerait court. L'industrie de la pêche de la baleine pourrait renaître. Le dévouement à la science fait entreprendre des explorations vers les pôles dont il est difficile de prévoir toutes les éventualités. La noble femme qui s'est illustrée par la recherche obstinée de sir John Francklin se serait révoltée contre la pensée qu'après deux ans une loi lui aurait interdit l'espérance. On répondra qu'en de pareils cas une administration éclairée saurait temporiser elle-même ; aussi l'objection ne me paraît pas très-grave.

Ce qui l'est davantage, c'est que le système italien suppose que tous les hommes ont péri sans exception. Il ne s'applique donc, ni aux individus isolés enlevés du bord par une lame ou tombés à la mer la nuit, ni au cas où quelques naufragés seraient recueillis ; le législateur italien a sans doute pensé que les témoignages des survivants suffisent alors. Je craindrais que chez nous on ne retombât dans les litiges et les embarras de l'absence. En outre, l'administration maritime ne connaît pas les passagers et promeneurs. Je continue donc de préférer, comme s'appliquant sans exception à tous les cas où il y a lieu de constater le décès d'un navigateur disparu et comme plus conforme à nos mœurs judiciaires, la consécration légale de ce que j'ai appelé la coutume de Dunkerque. Ce n'est guère autre chose que l'extension de ce que l'intelligence des besoins des populations maritimes a fait décider dans l'ordre administratif, par le ministre de la marine, et je ne puis mieux terminer ce Mémoire qu'en signalant encore à l'attention du législateur l'article 122 de l'Instruction générale des invalides de la marine, ainsi conçu :

« Le décès d'un marin (il faudrait ajouter ou d'un passager ou de toute personne embarquée pour un voyage sur mer) est établi administrativement, soit par un procès-verbal de disparition en mer, soit par un certificat constatant que le navire est réputé avoir péri corps et biens, soit par tout acte *qui fait présumer le décès.* »

L'administration de la marine n'a jamais abusé de la disposition ; la loi peut se fier sans crainte à la prudence des tribunaux.

88137   Typ. et lithog. Vᵉᵉ Renou, Maulde et Cock, rue de Rivoli, 144.

OUVRAGES DU MÊME AUTEUR

Questions de droit maritime, 2 vol. in-8°. . . . . . . 10 fr.

    (Le second volume est sous presse.)

Essai sur les lois du hasard, 1 vol. in-12. . . . . . . 3 »

Les sociétés anonymes, 1 vol. 12. . . . . 3 »

Commentaire des polices françaises d'assurances maritimes, 1 vol. in-12. . . . . 3 »

Précis de l'assurance sur la vie, 1 vol. in-12. . . . . 2 »

L'institution des caisses de prévoyance, 1 vol. in-12 3

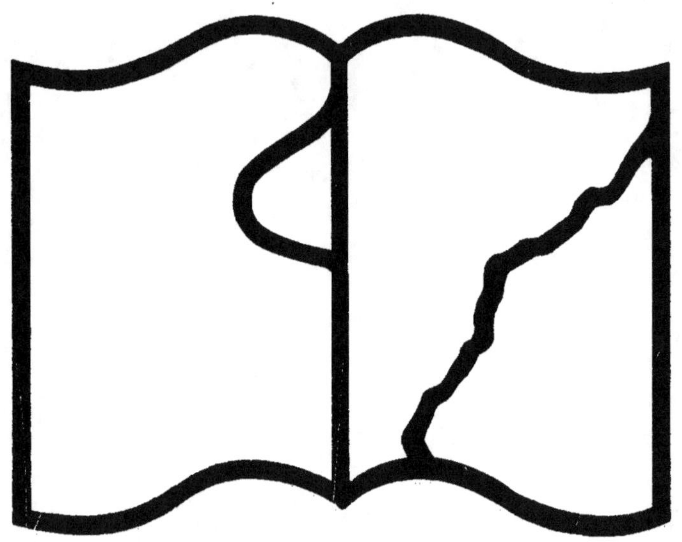

www.ingramcontent.com/pod-product-compliance
Lightning Source LLC
LaVergne TN
LVHW010405060726
842526LV00005B/1515